Schmalspurbahnen
Deutschland • Österreich • Schweiz

Ingo Ehrlich
Schmalspurbahnen
Deutschland · Österreich · Schweiz

tosa

INHALT

SPURWEITEN	**6**
VORWORT	**8**
DEUTSCHLAND	**10**

Chiemseebahn (Prien – Stock)	10
Wendelsteinbahn (Waching – Wendelstein)	11
Wachtl-Express (Kiefersfelden – Wachtl)	12
Zugspitzbahn (Garmisch-Partenkirchen – Zugspitze)	13
Öchsle (Warthausen – Ochsenhausen)	14
Albbähnle (Amstetten – Laichingen)	16
Jagsttalbahn (Möckmühl – Dörzbach)	18
Nassauische Kleinbahn (Braubach/Rheinhafen – Blei- und Silberhütte)	22
Brohltalbahn (Brohl – Engeln)	24
Hohenlimburger Kreisbahn	26
Deutsches Feld- und Kleinbahnmuseum e. V.: Deinste – Lütjenkamp	28
Harzquerbahn (Schierke – Brocken)	29
Harzquerbahn (Wernigerode – Nordhausen-Nord)	30
Selketalbahnbahn (Stiege – Gernrode)	34
Müglitztalbahn (Oschatz – Mügeln)	38
Weiseritztalbahn (Freital-Hainsberg – Kurort Kipsdorf)	42
Chemnitzer Parkeisenbahn	46
Preßnitztalbahn (Wolkenstein – Jöhstadt)	48
Fichtelbergsbahn (Cranzahl – Oberwiesenthal)	51
Lößnitztalbahn (Radebeul – Radeberg)	55
Zittauer Bimmelbahn (Zittau – Kurort Oybin bzw. Kurort Johnsdorf)	58
Waldeisenbahn Muskau	61
Rasender Roland (Göhren – Binz – Putbus)	64
Molli (Bad Doberan – Kühlungsborn West)	68
Inselbahn Juist	71
Inselbahn Borkum	73
Inselbahn Langeoog	74
Inselbahn Wangerooge	77
Inselbahn Spiekeroog	78

ÖSTERREICH	**80**
Schneebergbahn (Puchberg – Schneeberg)	80
Steyrtalbahn (Steyr – Klaus)	82
Waldviertelbahn (Gmünd – Groß Gerungs)	86
Mariazeller Bahn (St. Pölten – Mariazell)	88
Die Krumpe (Obergrafendorf – Wieselburg – Gresten)	94
Ybbstalbahn (Waidhofen – Lunz am See – Kienberg-Gaming)	96
Ybbstalbahn (Waidhofen – Gstadt – Ybbsitz)	99
Lokalbahn Mixnitz – St. Erhard	100
Feistritztalbahn (Weiz – Birkfeld)	102
Schafbergbahn (St. Wolfgang – Schafberg)	103
Stubaitalbahn (Innsbruck – Fulpmes)	104
Innsbrucker Mittelgebirgsbahn (Innsbruck – Igls)	105
Innsbrucker Lokalbahn (Innsbruck – Solbad Hall)	106
Zillertalbahn (Jenbach – Mayrhofen)	107
Achenseebahn (Jenbach – Achensee)	108
Pinzgaubahn (Zell am See – Krimml)	110
Bregenzerwaldbahn (Bregenz – Bezau)	113

SCHWEIZ 116

Rhätische Bahn (Chur – Landquart – Davos – Filisur)	116
Rhätische Bahn (Albulabahn: Chur – Thusis – Albula – St. Moritz)	120
Berninabahn (St. Moritz – Bernina – Tirano)	124
Rhätische Bahn (Arosabahn: Chur – Arosa)	129
Furka-Oberalpbahn (Disentis – Furka-Tunnel – Brig)	130
Furka-Oberalpbahn (Göschenen – Andermatt)	132
Dampfbahn Furka-Bergstrecke	133
Brig-Visp-Zermatt-Bahn	134
Gornergratbahn (Zermatt – Gornergrat)	136
Schynige-Platte-Bahn (Wilderswil – Schynige Platte)	138
Mürrenbahn (Lauterbrunnen – Mürren)	140
Wengeralp-Bahn (Lauterbrunnen – Kleine Scheidegg)	140
Jungfraubahn	142
Meiringen-Innertkirchen-Bahn (MiB)	144
Brienz-Rothorn-Bahn	144
Brünigbahn (Luzern – Meiringen – Interlaken)	146
Rhätische Bahn (Bellinzona – Mesocco)	148
Centovalli-Bahn (Domodossola – Locarno)	148
Oberaargau-Jura-Bahn (Langenthal – Niederbipp)	150
Martigny – Chatelard (MC)	151
Aigle – Sepey – Diablerets (ASD)	152
Montreux-Glion – Rochers-de-Naye	154
Bierre – Apples – Morges (BAM)	155
Bex – Villars – Bretaye (BVB)	156
Montreux – Oberland – Bernois (Montreux – Zweisimmen)	156
Waldenburger Bahn (Liestal – Waldenburg)	158
Frauenfeld-Wil-Bahn (FW)	158
Impressum	160

Spurweiten

600 mm
Chemnitzer Parkeisenbahn
Deutsches Feld- und Kleinbahnmuseum e. V.:
 Deinste – Lütjenkamp
Waldeisenbahn Muskau

750 mm
Fichtelbergsbahn (Cranzahl – Oberwiesenthal)
Jagsttalbahn (Möckmühl – Dörzbach)
Lößnitztalbahn (Radebeul – Radeberg)
Müglitztalbahn (Oschatz-Mügeln)
Öchsle (Warthausen – Ochsenhausen)
Preßnitztalbahn (Wolkenstein – Jöhstadt)
Rasender Roland (Göhren – Binz – Putbus)
Waldenburger Bahn (Liestal – Waldenburg)
Weiseritztalbahn (Freital-Hainsberg – Kurort Kipsdorf)
Zittauer Bimmelbahn (Zittau – Kurort Oybin bzw. Kurort Johnsdorf)

760 mm
Bregenzerwaldbahn (Bregenz – Bezau)
Die Krumpe (Obergrafendorf – Wieselburg – Gresten)
Feistritztalbahn (Weiz – Birkfeld)
Lokalbahn Mixnitz – St. Erhard
Mariazeller Bahn (St. Pölten – Mariazell)
Pinzgaubahn (Zell am See – Krimml)
Steyrtalbahn (Steyr – Klaus)
Waldviertelbahn (Gmünd – Groß Gerungs)
Ybbstalbahn (Waidhofen – Lunz am See – Kienberg-Gaming)
Ybbstalbahn (Waidhofen – Gstadt – Ybbitz)
Zillertalbahn (Jenbach – Mayrhofen)

800 mm
Brienz-Rothorn-Bahn
Montreux – Glion-Rochers-de-Naye
Schynige-Platte-Bahn (Wilderswil – Schynige Platte)
Wengeralp-Bahn (Lauterbrunnen – Kleine Scheidegg)

900 mm
Inselbahn Borkum
Molli (Bad Doberan – Kühlungsborn West)
Wachtl-Express (Kiefersfelden – Wachtl)

1000 mm
Achenseebahn (Jenbach – Achensee)
Aigle – Sepey – Diablerets (ASD)
Albbähnle (Amstetten – Laichingen)
Bex – Villars – Bretaye (BVB)
Bierre – Apples – Morges (BAM)
Brig-Visp-Zermatt-Bahn
Brohltalbahn (Brohl – Engeln)
Brünigbahn (Luzern – Meiringen – Interlaken)
Centovalli-Bahn (Domodossola – Locarno)
Chiemseebahn (Prien – Stock)
Dampfbahn Furka-Bergstrecke
Frauenfeld-Wil-Bahn (FW)
Furka-Oberalp-Bahn (Disentis – Furka-Tunnel – Brig)
Furka-Oberalp Bahn (Göschenen – Andermatt)
Gornergratbahn (Zermatt – Gornergrat)
Harzquerbahn (Schierke – Brocken)
Harzquerbahn (Wernigerode – Nordhausen-Nord)
Hohenlimburger Kreisbahn
Innsbrucker Lokalbahn (Innsbruck – Hall in Tirol)
Innsbrucker Mittelgebirgsbahn (Innsbruck – Igls)
Inselbahn Juist
Inselbahn Langeoog
Inselbahn Spiekeroog
Inselbahn Wangerooge
Jungfraubahn
Martigny – Chatelard (MC)
Meiringen-Innertkirchen-Bahn
Montreux – Oberland Bernois (Montreux – Zweisimmen)
Mürrenbahn (Lauterbrunnen – Mürren)
Nassauische Kleinbahn (Braubach/Rheinhafen – Blei- und Silberhütte)
Oberaargau-Jura-Bahn (Langenthal – Niederbipp)
Rhätische Bahn (Bellinzona – Mesocco)
Rhätische Bahn (Albulabahn Chur – Thusis – Albula – St. Moritz)
Rhätische Bahn (Arosabahn: Chur – Arosa)
Rhätische Bahn (Berninabahn: St. Moritz – Bernina – Tirano)
Rhätische Bahn (Chur-Landquart – Davos – Filisur)
Schafbergbahn (St. Wolfgang – Schafberg)
Schneebergbahn (Puchberg – Schneeberg)
Selketalbahnbahn (Stiege – Gernrode)
Stubaitalbahn (Innsbruck – Fulpmes)
Wendelsteinbahn (Waching – Wendelstein)
Zugspitzbahn (Garmisch-Partenkirchen – Zugspitze)

Vorwort

Mit der Eröffnung der Hettonbahn am 18. November 1825, die als Werkbahn erstmals fünf Lokomotiven einsetzte, begann das große Zeitalter der Eisenbahn. George Stephenson, der Erfinder betriebstauglicher Lokomotiven, setzte bei seinen Lokomotivschöpfungen auf eine Spurweite von 1435 mm, die noch heute als europäische Normalspur in der ganzen Welt verbreitet ist.

Die Spurweite bezeichnet das lichte Maß zwischen den Schienenköpfen, senkrecht zur Gleisachse. Alle Spurweiten, die weniger als 1435 mm ausweisen, fallen in die Kategorie der Schmalspurbahnen.

Mit der raschen Ausbreitung der Eisenbahn über die Kontinente entbrannte der in der Eisenbahngeschichte berühmte Kampf der Spurweiten. Der Wettkampf der Ingenieure schuf Spurweiten von 2134 mm (englische Westbahn) und selbst in Deutschland nahm die Badische Staatsbahn ihren Betrieb auf 1600 mm Spur auf. Neben dem persönlichen Ehrgeiz der einzelnen Bahnbauer spielten, wie so oft im Eisenbahnwesen, strategische Gründe eine Rolle. Denn wählte man eine andere Spurweite als der Nachbarstaat, konnten im Kriegsfall angrenzende Staaten mit ihren Eisenbahnen nicht in das eigene Bahnnetz eindringen.

Beim Bau von Schmalspurbahnen spielten wirtschaftliche Überlegungen eine Rolle. Ursprünglich erwartete man beim Bau von Schmalspurbahnen geringere Kosten beim Bau und Betrieb. Die Erdarbeiten fielen aufgrund des kleineren Lichtraumprofils geringer aus und die Kurvenradien konnten deutlich kleiner als bei Normalspurbahnen gewählt werden, so dass der Landverbrauch unter dem Niveau von Normalspurbahnen lag. Diese Rechnung ging anfangs auch gut auf, selbst wenn nur ein geringes Verkehrsaufkommen zu bewältigen war.

Damit schien die Schmalspurbahn das geeignete Instrument zu sein, um viele vom bisherigen Eisenbahnnetz abgelegene Landstriche, die ohne Eisenbahn von der wirtschaftlichen Entwicklung weitgehend ausgeschlossen waren, nun endlich mit einer Eisenbahn zu erschließen.

So erklärt sich beispielsweise der rasche Aufbau eines dichten Schmalspurnetzes auf 750-mm-Spur in Sachsen.

Mit dem wirtschaftlichen Aufstieg der an den Schmalspurbahnen gelegenen Dörfer und Städtchen stieß die Schmalspur in einzelnen Fällen an die Kapazitätsgrenzen, so dass letztendlich der Umbau zur Normalspur die logische Konsequenz war. Beispiele dieser Entwicklung sind etwa die Zabergäubahn Lauffen – Leonbronn in Baden oder die Strecke Wieselburg – Gresten in Niederösterreich.

900 mm
Inselbahn Borkum
Molli (Bad Doberan – Kühlungsborn West)
Wachtl-Express (Kiefersfelden – Wachtl)

1000 mm
Achenseebahn (Jenbach – Achensee)
Aigle – Sepey – Diablerets (ASD)
Albbähnle (Amstetten – Laichingen)
Bex – Villars – Bretaye (BVB)
Bierre – Apples – Morges (BAM)
Brig-Visp-Zermatt-Bahn
Brohltalbahn (Brohl – Engeln)
Brünigbahn (Luzern – Meiringen – Interlaken)
Centovalli-Bahn (Domodossola – Locarno)
Chiemseebahn (Prien – Stock)
Dampfbahn Furka-Bergstrecke
Frauenfeld-Wil-Bahn (FW)
Furka-Oberalp-Bahn (Disentis – Furka-Tunnel – Brig)
Furka-Oberalp Bahn (Göschenen – Andermatt)
Gornergratbahn (Zermatt – Gornergrat)
Harzquerbahn (Schierke – Brocken)
Harzquerbahn (Wernigerode – Nordhausen-Nord)
Hohenlimburger Kreisbahn
Innsbrucker Lokalbahn (Innsbruck – Hall in Tirol)
Innsbrucker Mittelgebirgsbahn (Innsbruck – Igls)
Inselbahn Juist
Inselbahn Langeoog
Inselbahn Spiekeroog
Inselbahn Wangerooge
Jungfraubahn
Martigny – Chatelard (MC)
Meiringen-Innertkirchen-Bahn
Montreux – Oberland Bernois (Montreux – Zweisimmen)

Mürrenbahn (Lauterbrunnen – Mürren)
Nassauische Kleinbahn (Braubach/Rheinhafen – Blei- und Silberhütte)
Oberaargau-Jura-Bahn (Langenthal – Niederbipp)
Rhätische Bahn (Bellinzona – Mesocco)
Rhätische Bahn (Albulabahn Chur – Thusis – Albula – St. Moritz)
Rhätische Bahn (Arosabahn: Chur – Arosa)
Rhätische Bahn (Berninabahn: St. Moritz – Bernina – Tirano)

Rhätische Bahn (Chur-Landquart – Davos – Filisur)
Schafbergbahn (St. Wolfgang – Schafberg)
Schneebergbahn (Puchberg – Schneeberg)
Selketalbahnbahn (Stiege – Gernrode)
Stubaitalbahn (Innsbruck – Fulpmes)
Wendelsteinbahn (Waching – Wendelstein)
Zugspitzbahn (Garmisch-Partenkirchen – Zugspitze)

Vorwort

Mit der Eröffnung der Hettonbahn am 18. November 1825, die als Werkbahn erstmals fünf Lokomotiven einsetzte, begann das große Zeitalter der Eisenbahn. George Stephenson, der Erfinder betriebstauglicher Lokomotiven, setzte bei seinen Lokomotivschöpfungen auf eine Spurweite von 1 435 mm, die noch heute als europäische Normalspur in der ganzen Welt verbreitet ist.

Die Spurweite bezeichnet das lichte Maß zwischen den Schienenköpfen, senkrecht zur Gleisachse. Alle Spurweiten, die weniger als 1 435 mm ausweisen, fallen in die Kategorie der Schmalspurbahnen.

Mit der raschen Ausbreitung der Eisenbahn über die Kontinente entbrannte der in der Eisenbahngeschichte berühmte Kampf der Spurweiten. Der Wettkampf der Ingenieure schuf Spurweiten von 2 134 mm (englische Westbahn) und selbst in Deutschland nahm die Badische Staatsbahn ihren Betrieb auf 1 600 mm Spur auf. Neben dem persönlichen Ehrgeiz der einzelnen Bahnbauer spielten, wie so oft im Eisenbahnwesen, strategische Gründe eine Rolle. Denn wählte man eine andere Spurweite als der Nachbarstaat, konnten im Kriegsfall angrenzende Staaten mit ihren Eisenbahnen nicht in das eigene Bahnnetz eindringen.

Beim Bau von Schmalspurbahnen spielten wirtschaftliche Überlegungen eine Rolle. Ursprünglich erwartete man beim Bau von Schmalspurbahnen geringere Kosten beim Bau und Betrieb. Die Erdarbeiten fielen aufgrund des kleineren Lichtraumprofils geringer aus und die Kurvenradien konnten deutlich kleiner als bei Normalspurbahnen gewählt werden, so dass der Landverbrauch unter dem Niveau von Normalspurbahnen lag. Diese Rechnung ging anfangs auch gut auf, selbst wenn nur ein geringes Verkehrsaufkommen zu bewältigen war.

Damit schien die Schmalspurbahn das geeignete Instrument zu sein, um viele vom bisherigen Eisenbahnnetz abgelegene Landstriche, die ohne Eisenbahn von der wirtschaftlichen Entwicklung weitgehend ausgeschlossen waren, nun endlich mit einer Eisenbahn zu erschließen.

So erklärt sich beispielsweise der rasche Aufbau eines dichten Schmalspurnetzes auf 750-mm-Spur in Sachsen.

Mit dem wirtschaftlichen Aufstieg der an den Schmalspurbahnen gelegenen Dörfer und Städtchen stieß die Schmalspur in einzelnen Fällen an die Kapazitätsgrenzen, so dass letztendlich der Umbau zur Normalspur die logische Konsequenz war. Beispiele dieser Entwicklung sind etwa die Zabergäubahn Lauffen – Leonbronn in Baden oder die Strecke Wieselburg – Gresten in Niederösterreich.

900 mm

Inselbahn Borkum
Molli (Bad Doberan – Kühlungsborn West)
Wachtl-Express (Kiefersfelden – Wachtl)

1000 mm

Achenseebahn (Jenbach – Achensee)
Aigle – Sepey – Diablerets (ASD)
Albbähnle (Amstetten – Laichingen)
Bex – Villars – Bretaye (BVB)
Bierre – Apples – Morges (BAM)
Brig-Visp-Zermatt-Bahn
Brohltalbahn (Brohl – Engeln)
Brünigbahn (Luzern – Meiringen – Interlaken)
Centovalli-Bahn (Domodossola – Locarno)
Chiemseebahn (Prien – Stock)
Dampfbahn Furka-Bergstrecke
Frauenfeld-Wil-Bahn (FW)
Furka-Oberalp-Bahn (Disentis – Furka-Tunnel – Brig)
Furka-Oberalp Bahn (Göschenen – Andermatt)
Gornergratbahn (Zermatt – Gornergrat)
Harzquerbahn (Schierke – Brocken)
Harzquerbahn (Wernigerode – Nordhausen-Nord)
Hohenlimburger Kreisbahn
Innsbrucker Lokalbahn (Innsbruck – Hall in Tirol)
Innsbrucker Mittelgebirgsbahn (Innsbruck – Igls)
Inselbahn Juist
Inselbahn Langeoog
Inselbahn Spiekeroog
Inselbahn Wangerooge
Jungfraubahn
Martigny – Chatelard (MC)
Meiringen-Innertkirchen-Bahn
Montreux – Oberland Bernois (Montreux – Zweisimmen)
Mürrenbahn (Lauterbrunnen – Mürren)
Nassauische Kleinbahn (Braubach/Rheinhafen – Blei- und Silberhütte)
Oberaargau-Jura-Bahn (Langenthal – Niederbipp)
Rhätische Bahn (Bellinzona – Mesocco)
Rhätische Bahn (Albulabahn Chur – Thusis – Albula – St. Moritz)
Rhätische Bahn (Arosabahn: Chur – Arosa)
Rhätische Bahn (Berninabahn: St. Moritz – Bernina – Tirano)
Rhätische Bahn (Chur-Landquart – Davos – Filisur)
Schafbergbahn (St. Wolfgang – Schafberg)
Schneebergbahn (Puchberg – Schneeberg)
Selketalbahnbahn (Stiege – Gernrode)
Stubaitalbahn (Innsbruck – Fulpmes)
Wendelsteinbahn (Waching – Wendelstein)
Zugspitzbahn (Garmisch-Partenkirchen – Zugspitze)

Vorwort

Mit der Eröffnung der Hettonbahn am 18. November 1825, die als Werkbahn erstmals fünf Lokomotiven einsetzte, begann das große Zeitalter der Eisenbahn. George Stephenson, der Erfinder betriebstauglicher Lokomotiven, setzte bei seinen Lokomotivschöpfungen auf eine Spurweite von 1435 mm, die noch heute als europäische Normalspur in der ganzen Welt verbreitet ist.

Die Spurweite bezeichnet das lichte Maß zwischen den Schienenköpfen, senkrecht zur Gleisachse. Alle Spurweiten, die weniger als 1435 mm ausweisen, fallen in die Kategorie der Schmalspurbahnen.

Mit der raschen Ausbreitung der Eisenbahn über die Kontinente entbrannte der in der Eisenbahngeschichte berühmte Kampf der Spurweiten. Der Wettkampf der Ingenieure schuf Spurweiten von 2134 mm (englische Westbahn) und selbst in Deutschland nahm die Badische Staatsbahn ihren Betrieb auf 1600 mm Spur auf. Neben dem persönlichen Ehrgeiz der einzelnen Bahnbauer spielten, wie so oft im Eisenbahnwesen, strategische Gründe eine Rolle. Denn wählte man eine andere Spurweite als der Nachbarstaat, konnten im Kriegsfall angrenzende Staaten mit ihren Eisenbahnen nicht in das eigene Bahnnetz eindringen.

Beim Bau von Schmalspurbahnen spielten wirtschaftliche Überlegungen eine Rolle. Ursprünglich erwartete man beim Bau von Schmalspurbahnen geringere Kosten beim Bau und Betrieb. Die Erdarbeiten fielen aufgrund des kleineren Lichtraumprofils geringer aus und die Kurvenradien konnten deutlich kleiner als bei Normalspurbahnen gewählt werden, so dass der Landverbrauch unter dem Niveau von Normalspurbahnen lag. Diese Rechnung ging anfangs auch gut auf, selbst wenn nur ein geringes Verkehrsaufkommen zu bewältigen war.

Damit schien die Schmalspurbahn das geeignete Instrument zu sein, um viele vom bisherigen Eisenbahnnetz abgelegene Landstriche, die ohne Eisenbahn von der wirtschaftlichen Entwicklung weitgehend ausgeschlossen waren, nun endlich mit einer Eisenbahn zu erschließen.

So erklärt sich beispielsweise der rasche Aufbau eines dichten Schmalspurnetzes auf 750-mm-Spur in Sachsen.

Mit dem wirtschaftlichen Aufstieg der an den Schmalspurbahnen gelegenen Dörfer und Städtchen stieß die Schmalspur in einzelnen Fällen an die Kapazitätsgrenzen, so dass letztendlich der Umbau zur Normalspur die logische Konsequenz war. Beispiele dieser Entwicklung sind etwa die Zabergäubahn Lauffen – Leonbronn in Baden oder die Strecke Wieselburg – Gresten in Niederösterreich.

Die meisten Schmalspurbahnen zeigten aber eine andere Entwicklung. Zum einen war das Verkehrsaufkommen halt auf Dauer doch zu gering, so dass der Betrieb schwer defizitär war. Zum anderen war die Betriebsführung nur unwesentlich billiger als bei Normalspurbahnen. Hinzu kam das lästige Umladen der Güter am Anschlussbahnhof der Normalspurbahn. Da hatten es Reisende zwar leichter, sie mussten jedoch umsteigen, was das Reisen in den schmalen und meist einfach eingerichteten Schmalspurzügen nicht bequem gestaltete, sofern der überschaubare Fahrplan überhaupt Anschluss gewährte.

Um den Aufwand des Umladens von Gütern von Normalspur zur Schmalspur in Grenzen zu halten, wurden Verfahren entwickelt, normalspurige Güterwagen auf Rollschemel aufzubocken oder per Rollwagen weiterzubefördern.

Auch der Vorteil der einfachen Trassierung der Strecken stellte sich später oft als Nachteil dar. Kühne Ortsdurchfahrten, mitten auf der Straße, waren für den wachsenden Pkw-Verkehr ein großes Ärgernis und Hindernis, so dass die gute alte Zeit der Schmalspurbahn heute oft ein Ende gefunden hat.

Was geblieben ist, sind in Österreich meist dampfbetriebene Bergbahnen und ein Restnetz der österreichischen Bundesbahnen, das sich durch Modernisierung bislang noch der Stilllegung entziehen konnte. Doch auch hier sind Folgeinvestitionen zu treffen, über deren Wirtschaftlichkeit diskutiert werden wird.

In der Schweiz finden wir noch sehr viele Schmalspurbahnen in Betrieb. Dies liegt an der weit blickenden Trassierung und der teilweisen Vernetzung der Bahnen, wie das Beispiel Rhätische Bahn, Furka-Oberalp-Bahn und Brig-Visp-Zermatt-Bahn belegt. Dort herrscht moderner zeitgemäßer Verkehr auf nahezu vollständig elektrifizierten Bahnen, auf denen Lokomotiven mit einer Höchstgeschwindigkeit von bis zu 110 km/h unterwegs sind.

Im westlichen Teil Deutschlands ist die Zeit der Schmalspurbahn weitgehend vorbei. Auf dem Festland gibt es nur noch sehr vereinzelt Museumsbahnbetrieb und dies oft nur auf Teilstrecken.

Besser sieht es noch auf den Nordseeinseln aus. Doch auch dort wurde teilweise durch den Bau neuer ortsnaher Häfen der Zubringerverkehr vom Insel-Hauptort zum Schiff eingestellt.

Für Liebhaber nostalgischer Schmalspurbahnen sind die Regionen zwischen Ostsee und dem Zittauer bzw. Erzgebirge zum Erlebnis geworden. Hier haben etliche Schmalspurbahnen die Zeit überdauert, wobei nicht übersehen werden darf, dass auch dort nur noch ein Bruchteil des ursprünglichen Schmalspurnetzes vorhanden ist.

Unsere Reise mit der Schmalspurbahn in diesem Buch wird uns nun durch die meisten der etwa 1980 noch in Betrieb stehenden Schmalspurbahnen führen.

Übersicht über Schmalspurweiten in Deutschland, Österreich und der Schweiz:
  600 mm: Kleinbahnen und Parkeisenbahnen
  750 mm: Deutschland
  760 mm: Österreich
  800 mm: Bergbahnen der Schweiz
  900 mm: Deutschland
1000 mm: Österreich, Schweiz, Deutschland

Deutschland

1000 mm – Chiemseebahn (Prien – Stock)

Die am 9. Juli 1887 nach nur 70 Tagen Bauzeit eröffnete Chiemseebahn verbindet auch heute noch den Bahnhof Prien mit dem Hafen Stock der Chiemseeschifffahrt. Ursprünglich kreuzte die meterspurige Bahn die Hauptstrecke Rosenheim – Salzburg höhengleich bis im Winter 1908/1909 die Bahnanlagen auf die Ostseite des Bahnhofs Prien verlegt wurden, Einfahrt in den Bahnhof Prien am 19. Juli 1987.

1000 mm – ELEKTRISCH – WENDELSTEINBAHN (WACHING – WENDELSTEIN)

Oben:
Deutschlands älteste Zahnradbahn (Eröffnung 25. Mai 1912) fährt vom oberbayerischen Brannenburg auf den 1 840 m hohen Wendelstein. Der Höhenunterschied von 932 Metern wird mit einer Zahnstange nach dem System Strub überwunden. 1961 wurde der Streckenabschnitt vom Bundesbahnhof Brannenburg zur heutigen Talstation Waching stillgelegt. Mittlerweile wurden die betagten Lokomotiven durch Triebwagen ersetzt.
Station Mitteralm, 29. Mai 1987

Links:
Mit den beiden 1990 gelieferten Doppeltriebwagen konnte die Fahrtdauer auf der maximal 23,7 % steilen und ca. 7,7 km langen Zahnradbahn auf 30 Minuten halbiert werden – hier ist der Gipfel gleich erreicht.
Aufnahme: 28. September 1991.

900 mm – ELEKTRISCH – WACHTL-EXPRESS (KIEFERSFELDEN – WACHTL)

Bis 1990 fand auf der 5 Kilometer langen elektrifizierten Strecke und einer Spurbreite von 900 mm ausschließlich Güterverkehr statt. Auch nach Ende des Güterverkehrs fahren an bestimmten Wochenenden Ausflugszüge von Kiefersfelden nach Wachtl mit den alten Loks und Wagen der Wendelsteinbahn. Die Aufnahme erfolgte noch zu Plandienstzeiten, als es noch keine Schengenbinnengrenze gab und deshalb auch noch die alten Grenzschilder existierten. Aufnahme am Steinbruch Wachtl, 4. Mai 1990.

1000 mm – ELEKTRISCH – ZUGSPITZBAHN (GARMISCH-PARTENKIRCHEN – ZUGSPITZE)

Herrliches Herbstwetter am Fuße der Zugspitze. Lok 1 brachte am 7. Oktober 1984 die Ausflügler wieder zurück in das Tal, hier kurz vor Garmisch-Partenkirchen.

750 mm – Öchsle (Warthausen – Ochsenhausen)

Die 750-mm-Bahn zwischen Ochsenhausen und Warthausen war eine von 5 Schmalspurbahnen der Königlich-Württembergischen Staatsbahn. Vom 29. November 1899 an bis zum 31. Mai 1964 gab es Reiseverkehr zwischen Warthausen und Ochsenhausen. Zuletzt gab es nur noch Güterverkehr für das Kühlschrankwerk der Firma Liebherr in Ochsenhausen. Am 31. März 1983 stellte die Deutsche Bundesbahn ihre letzte auf dem Festland befindliche Schmalspurbahn ein.
Am 15. April 1982 setzte 251 902 in Ochsenhausen samt Rangierer um.

Rechts:
Beschriftung der 251 902 am 15. April 1982.

Rechte Seite:
So sahen die letzten Güterzugeinsätze auf dem Öchsle aus. 251 902 am 15. April 1982 bei Barabein.

1000 mm – ALBBÄHNLE (AMSTETTEN – LAICHINGEN)

Bei dem sehr dürftigen Fahrplan des Albbähnles gehörte schon eine gehörige Portion Ausdauer dazu, Fotos zu schießen. Nachdem der mittägliche Schülerzug beachtlich lang war, lohnte sich die Mühe im Winter 1983.

Rechte Seite:
Am Fuße der Geislinger Steige zweigt in Amstetten die 19 km lange Meterspurstrecke nach Laichingen ab. Die früher von der WEG (Württembergische Eisenbahngesellschaft) betriebene Strecke wurde am 1. September 1985 stillgelegt und abgebaut.
Übrig geblieben sind 5 km Strecke von Amstetten bis Oppingen, die heute Heimat des Museumsbetriebs auf dem Albbähnle sind. Als die Strecke noch in ihrer Blüte stand, hingen im Endbahnhof Laichingen noch die Betten in der Sonne. Triebwagen 37 der WEG am 6. Juli 1979.

750 mm – Jagsttalbahn (Möckmühl – Dörzbach)

Am 13. März 1901 ging im nördlichen Württemberg die Jagsttalbahn von Möckmühl nach Dörzbach in Betrieb. 1971 startete hier der Museumsbahnbetrieb, der wegen schlechter Gleislage am 15. Dezember 1988 eingestellt werden musste. 1997 erfolgte der Abbau der Strecke zwischen Möckmühl und Widdern. Hier eine Aufnahme des Museumsbahnbetriebs Anfang der 80er Jahre.

Rechte Seite:
Die von Gmeinder 1965 gebauten Dieselloks V 22 01 und 02 bespannten viele Jahre den Güterverkehr, wobei insbesondere die Rübenzüge im Herbst für schwere Lasten sorgten.
Möckmühl, 22. Mai 1983.

750 mm – Jagsttalbahn (Möckmühl – Dörzbach)

In Krautheim bewies die Jagsttalbahn ihren Charakter als Straßenbahn. Die schmale Ortsdurchfahrt war weder für den Lokführer noch die anderen Verkehrsteilnehmer etwas für schwache Nerven.

Rechte Seite:
Der Schülerverkehr auf der Jagsttalbahn war Einsatzgebiet aller Reservefahrzeuge der SWEG (Südwestdeutschen Eisenbahn-Gesellschaft).

**1000 mm –
Nassauische Kleinbahn
(Braubach/Rheinhafen –
Blei- und Silberhütte)**

Als letzter Teil der im Juli 1898 gegründeten Nassauischen Kleinbahn AG wurde 1977 der Abschnitt Braubach/Rheinhafen und Blei- und Silberhütte eingestellt. Kurz vor Braubach/Rheinhafen unterquerte die ca. 3 km lange Kleinbahn die rechte Rheinstrecke, auf der gerade ein Güterzug mit einer E 40 unterwegs war. Lok V 18 am 4. August 1977.

Die Nassauische Kleinbahn AG erstreckte sich über den vorderen Taunus, von Zollhaus über Nastätten bis Braubach. Die verkehrsberuhigende Trassenführung durch ein Stadttor war bis 1977 Betriebsalltag. Lok V 18 am 4. August 1977.

1000 mm – Brohltalbahn (Brohl – Engeln)

Die Brohltalbahn erschließt Urlaubern mit dem so genannten „Vulkan-Express" eines der schönsten Seitentäler des Rheins zwischen Koblenz und Bonn. Die einst von Brohl am Rhein bis nach Kempenich führende Meterspurstrecke ist heute auf dem 17 km langen Abschnitt von Brohl bis Engeln in Betrieb und weist auch Güterverkehr auf. Lok D 1 und D 3 am 9. August 1982 in Brohl.

Rechte Seite:
Nach ersten Versuchen, Urlauber mit dem „Vulkan-Express" in das Brohltal zu locken, zieht die Brohltalbahn mit besonderen Lokeinsätzen wie z. B. 99 5902 von den Harzer Schmalspurbahnen viele Bahnfans an, wo diese besonders auf der Steilstrecke Oberzissen-Engeln auf ihre Kosten kommen. Lok D 4 hat am 18. August 1979 den Bahnhof Engeln erreicht.

1000 mm – Hohenlimburger Kreisbahn

Linke Seite:
Viele Seitentäler des Sauerlandes waren durch Werkbahnen erschlossen und wichen bis in die 60er Jahre dem Individualverkehr. Lediglich die Hohenlimburger Kreisbahn blieb bis 1983 in Betrieb und wurde dann rasch vollständig beseitigt. Auf der 3,3 km langen Strecke gab es seit 1900 nur Güterverkehr. Lok 5 fährt am 10. Oktober 1983 vorsichtig um eine Hausecke inmitten von Hohenlimburg. Aufgrund der Länge von vier- und sechsachsigen Güterwagen mussten diese mit zwei Rollwagen befördert werden.

Unten:
Lok 5 ist am 10. Oktober 1983, kurz vor Stilllegung der gesamten Strecke, mit ihrer Fuhre auf dem Rückweg zur Rollwagenanlage in den Straßen von Hohenlimburg unterwegs.

Oben:
Lok 3 stellt am 10. Oktober 1983 einen E-Wagen in den Werkanschluss Obernahmer zu.

**600 mm –
Deutsches Feld- und
Kleinbahnmuseum e. V.
Deinste – Lütjenkamp**

Um die Fahrzeuge des Deutschen Feld- und Kleinbahnmuseums e. V. auch vorführen zu können, wurde zwischen Deinste und Lütjenkamp eine 1,2 km lange Strecke erbaut.

Am 6. September 1989 zeigten sich Diesel-Lok 16 und 29 in Lütjenkamp, das in der Nähe von Stade liegt.

1000 mm –
Harzquerbahn
(Schierke – Brocken)

Die Harzquerbahn erschließt mit der Gebirgsstrecke von Schierke auf den Brocken den bekannten Berg der Walpurgis. Von Wernigerode (234 m Höhe) geht es erst einmal bis zum Abzweigbahnhof Drei Annen Hohne auf 543 m Höhe. Ab dort steigt die Bahnlinie bis zum Brockenbahnhof (1 125 m Höhe, Inbetriebnahme 27. März 1899) sehr beachtlich an.

Nachdem der Brocken seit dem 13. August 1961 für die Öffentlichkeit auf Grund seiner Nähe zur BRD nicht mehr zugänglich war, hatte die Harzquerbahn bis zur Deutschen Wiedervereinigung deutlich an Bedeutung verloren. 99 7233 und 99 7245 auf dem Brocken am 31. Mai 1997.

1000 mm – Harzquerbahn (Wernigerode – Nordhausen–Nord)

Postkartengrüße aus Elend im Harz vom 20. Juli 1905. Der Bahnhof Elend liegt auf 509 m Höhe zwischen den nicht minder interessant klingenden Bahnhöfen Sorge und Drei Annen Hohne. Der Ortsname stammt von Pilgern her, die sich „eli lendi" also im Ausland bzw. nicht auf Klostergebiet befanden. Elend war vielmehr die Tatsache, dass Elend zu DDR-Zeiten auf Grund der Grenznähe nicht ohne Sondergenehmigung besucht werden durfte.

Rechte Seite:
Ein kurzer warnender Pfiff und schon hat 99 7236 den 70 m langen Tunnel im Tumkuhlental im Juni 1983 auch schon wieder verlassen.

1000 mm – Harzquerbahn (Wernigerode – Nordhausen-Nord)

Linke Seite:
Gleich neben dem Hauptbahnhof endet in Nordhausen-Nord die Harzquerbahn auf 183 m Höhe. Während 99 7242 soeben zu ihrer Fahrt in den Harz aufbricht, wartet die schmalspurige Diesellok 199 870, unter Eisenbahnfreunden auch Harz-Kamel genannt, auf den nächsten Einsatz. Der Ausdruck Harz-Kamel resultiert von der eigenartigen Optik der ursprünglich normalspurigen Lok, die hier auf schmalspurigen Drehgestellen unterwegs ist.

Oben:
Zur Modernisierung des veralteten Lokomotivbestands bei der Harzquerbahn beschaffte die Deutsche Reichsbahn von 1954 bis 1956 17 neue Maschinen mit den Betriebsnummern 99 231 bis 247. Aus dieser Serie stammte 99 7232 ab, hier im Betriebswerk Nordhausen (27. März 1991).

Links:
199 301 wurde vom Lokomotivbau Babelsberg als Prototyp für 30 andere Lokomotiven dieser Art gebaut, die nach Indonesien geliefert wurden. Zum symbolischen Preis wechselte die Lok zur Deutschen Reichsbahn. Dort wurde sie ohne Tropendach auf der Harzquerbahn eingesetzt. (Betriebswerk Nordhausen 27. März 1991).

1000 mm – Selketalbahnbahn (Stiege – Gernrode)

Nach Kriegsende musste die Selketalbahn als Reparationsleistung an Russland fast vollständig abgebaut werden. Die russische Militärregierung genehmigte 1947 den Wiederaufbau bis Harzgerode sowie Strassberg, um Flussspatvorkommen geeignet abtransportieren zu können.

Der Wiederaufbau der Verbindung von Straßberg nach Stiege zur Harzquerbahn wurde erst im Jahre 1984 realisiert. Um den Zügen in Stiege den umständlichen Richtungswechsel zu ersparen, wurde nördlich von Stiege – einer Modellbahn gleich – eine Wendeschleife angelegt. Seitdem durchfahren Reisende wie auch 99 7233 den Bahnhof Stiege auf dem Weg von der Selketalbahn zur Harzquerbahn immer zweimal und das auch noch in unterschiedlicher Richtung (2. Februar 1991)!

Oben:
Hier ein Bild vom Wiederaufbau der Selketalbahn. Bei Friedrichsruh brachte die Rangier-Lok 199 301 mit einem Arbeitszug die Gleisjoche heran, die in mühseliger und harter Arbeit ausgerichtet wurden.

**1000 mm –
Selketalbahnbahn
(Stiege – Gernrode)**

In Alexisbad zweigt von der Selketalbahn die kurze Stichstrecke nach Harzgerode ab. Am 6. August 1985 fasste 99 5902 vor der Fahrt nach Harzgerode im Bahnhof Alexisbad Wasser. Bei dieser Baureihe handelt es sich wahrlich um einen Veteranen: Baujahr 1897!

Rechte Seite:
Ein Unikat ist die Dampflokomotive 99 6001, hier am 3. Oktober 1989 im Bahnhof Gernrode. Kurz vor Beginn des 2. Weltkriegs hatte die Firma Krupp ein neues Typenprogramm für meterspurige Lokomotiven erarbeitet. 1939 wurde die sehr bullige und kräftige Lokomotive ausgeliefert, die die einzige ihrer Art werden sollte und bis heute im Dienst ist.

750 mm – Müglitztalbahn (Oschatz – Mügeln)

Die Müglitztalbahn war die letzte Strecke der Deutschen Reichsbahn mit planmäßigem ausschließlichem Betrieb der sächsischen Länderbahnbaureihe IV k (z. T. sogar noch mit Doppelbespannung). 99 1584 wartete am 1. März 1991 im Bahnhof Mügeln bei Oschatz auf ihren nächsten Einsatz.

Rechte Seite:
Für die einst 28 Bahnen des sächsischen Schmalspurnetzes mit einer Spurweite 750 mm mit ihrer krümmungsreichen Streckenführung schuf die Lokomotivfabrik Hartmann, Chemnitz, die sehr leistungsfähige Gattung IV k. Die Maschinen waren auf zwei Dampfdrehgestellen der Bauart Günther-Meyer aufgebaut. Diese Gattung war auf der Müglitztalbahn zur Zeit der Deutschen Wende noch im Einsatz, wie hier 99 1564 in Mügeln bei Oschatz.

750 mm – Müglitztalbahn (Oschatz – Mügeln)

Kleinbahnidylle auf der Müglitztalbahn mit 99 705 bei Schweta am 4. Mai 1992.

Rechte Seite:
Stimmungsbild auf der Müglitztalbahn mit einer sächsischen IV k am 4. Mai 1992.

750 mm – Weiseritztalbahn (Freital-Hainsberg – Kurort Kipsdorf)

99 4511 der Interessen-Gemeinschaft Preßnitztalbahn ausnahmsweise unterwegs auf der Weiseritztalbahn. Gerade für aufgebockte Güterwagen mit ihrem hohen Schwerpunkt stellten die Fallwinde aus dem Erzgebirge auf der Brücke bei Malter eine nicht zu unterschätzende Betriebsgefahr dar. Kurzerhand wurde daher eine Seite der Brücke mit Holzbohlen verplankt: „Windbrücke" in Malter am 10. Februar 2003.

Rechte Seite:
Die Weiseritztalbahn erschließt landschaftlich reizvolle Landschaften im Osterzgebirge: 99 1748 im Rabenauer Grund (vor Rabenau) am 02. April 2001.

750 mm – Weiseritztalbahn (Freital-Hainsberg – Kurort Kipsdorf)

Linke Seite:
Eisfischer warteten an der Malter Talsperre am 2. März 1991 auf Ihren Fang, der auch dem Fotografen mit 99 1773 gelang.

Unten:
Beschriftung eines Reisezugwagens der Weiseritztalbahn kurz vor der Wendezeit am 2. April 1989.

750 mm – Weiseritztalbahn (Freital-Hainsberg – Kurort Kipsdorf)

Stimmungsbild von der Weiseritztalbahn: 99 1746 auf der „Windbrücke" über die Talsperre Malter am 20. April 2001

600 mm – Chemnitzer Parkeisenbahn

Rechte Seite:
In der ehemaligen DDR gab es vereinzelt in den Großstädten sogenannte Pioniereisenbahnen. Diese sind auch heute noch in Betrieb, wie etwa die Chemnitzer Parkeisenbahn mit der Diesellok 6003 (V 10 C - ex Ziegelwerk Hainichen) am Spielplatz Küchwaldwiese im Juni 1995.
Die Spurweite von 600 mm diente übrigens früher auch in Deutschland dem öffentlichen Verkehr. Die 1892 gegründete Mecklenburg-Pommersche Schmalspurbahn (MPSB) hatte bis zum 1. Weltkrieg mit 178 km Länge das größte eigenständige Schmalspurnetz in Deutschland mit 600 mm Spurweite. Am Betriebssitz in Friedland (Mecklenburg) gab es sogar ein richtiges Bahnbetriebswerk mit Drehscheibe und Ring-Lokschuppen.

750 mm – Pressnitztalbahn (Wolkenstein – Jöhstadt)

Seit dem 31. Mai 1892 dampfte es auf der 23 km langen Schmalspurstrecke von Wolkenstein nach Jöhstadt, die bei Eisenbahnfreunden, Anwohnern und Beschäftigten als „Preßnitztalbahn" bezeichnet wird. Tausende Touristen nutzten die Bahn auf ihrem Weg in Ferienheime, Hotels und Pensionen. Auch im Güterverkehr war die Bahn bis 1986 nicht wegzudenken. Schlechte und enge Straßen verhinderten einen Abtransport der in Niederschmiedeberg hergestellten Kühlschränke mit dem LKW. Mit immensem Aufwand wurden Gleise demontiert, Brücken zerlegt und mit Hubschraubern ausgeflogen. Seit 1990 arbeiten die Mitglieder der Interessengemeinschaft Preßnitztalbahn e. V. am Wiederaufbau des Teilstückes Jöhstadt-Steinbach, so dass zum Pfingstfest 1992 endlich wieder ein Pfiff das Tal hinab hallen konnte.
Unsere Aufnahme stammt noch aus dem Planbetrieb mit 99 1561 am 20. August 984; damals war der Streckenabschnitt von Niederschmiedeberg bis Jöhstadt bereits gesperrt.

Rechte Seite:
Doppeltraktion im Bahnhof Schlössel der Preßnitztalbahn: 99 1713 und 1584 am 24. August 2000.

750 mm – Pressnitztalbahn (Wolkenstein – Jöhstadt)

99 1590 mit einem Zug des Museumsverkehrs am 17. Mai 1997 in der Nähe von Jöhstadt.

750 mm –
Fichtelbergsbahn
(Cranzahl – Oberwiesenthal)

Das schneereiche Erzgebirge erforderte für die Fichtelbergsbahn einen besonderen Schneepflug, der bei Bedarf vor eine Dampflokomotive gespannt wurde. Am 16. Mai 1991 stand der Schneepflug arbeitslos im Bahnhof Cranzahl, während 099 757 umsetzte.

750 mm – Fichtelbergsbahn (Cranzahl – Oberwiesenthal)

Linke Seite:
Ist es nicht schön im Erzgebirge? Bei Neudorf entstand dieses Bild am 16. Mai 1997.

Oben:
10 Tage nach der Deutschen Wiedervereinigung gab es in Neudorf ein Stelldichein mit 99 1785 sowie eine Begegnung eines Wartburgs mit einem Trabant.

**750 mm –
Fichtelbergsbahn
(Cranzahl – Oberwiesenthal)**

Linke Seite:
Eben hat der Zug den Bahnhof Oberwiesenthal verlassen. Am 14. Oktober 1990 warten im Hintergrund die Wintersportanlagen auf die bald einsetzende Saison.

**750 mm –
Lössnitztalbahn
(Radebeul – Radeberg)**

Nicht nur in den Sommermonaten ist ein Ausflug durch den Lößnitzgrund und die Moritzburger Teichlandschaft hinauf nach Radeburg ein schönes Erlebnis. Vom Haltepunkt Cunnertswalde aus, wo 99 742 am 16. Februar 2001 vorbeidampfte, gelangt der Wanderer zum Leuchtturm am Großteich. Am dortigen kleinen Hafen lag die Basis des kursächsischen „Hochseegeschwaders", das aus einer Minifregatte und ein paar Gondeln bestand.

750 mm – Lössnitztalbahn (Radebeul – Radeberg)

Der Personenverkehr spielte anfangs auf der Lößnitztalbahn eine untergeordnete Rolle. Wichtiger war damals der Güterverkehr. Am 29. Oktober 1989 waren Güterzüge schon selten. Eine Dampflokomotive der Gattung 99.17 mit einer Übergabe vom Schamottewerk Radeburg (Anschlussbahn ca. 1,5 km) zum Bahnhof.

Stimmungsbild mit 99 1791 am 24. November 1990 bei Radeburg.

750 mm – Lössnitztalbahn (Radebeul – Radeberg)

Schmalspurdampf und Weinanbau? Wieder einmal zeigt sich die Vielseitigkeit des Bundeslandes Sachsen. 99 1791 dampfte am 24. November 1990 durchs Lößnitztal.

750 mm – Zittauer Bimmelbahn (Zittau – Kurort Oybin bzw. Kurort Johnsdorf)

Rechte Seite:
Aufnahme aus ungewöhnlicher Perspektive im Bahnhof Kurort Oybin am 8. Oktober 1991 mit einer Dampflok der Gattung 99.17.

750 mm – Zittauer Bimmelbahn (Zittau – Kurort Oybin bzw. Kurort Johnsdorf)

Nur von einer Dachluke aus konnte dieses Bild gemacht werden. Welcher Hausherr sagt schon Nein, wenn man ihm freundlich sein Begehren vorträgt? 99 1747 in Olbersdorf am 8. Oktober 1991.

600 mm –
WALDEISENBAHN MUSKAU

Zur Erschließung der reichen Waldbestände und Rohstoffvorkommen zwischen Muskau und Weißwasser errichtete Graf Hermann von Arnim eine Pferdebahn mit 600 mm Spurweite. Seit 1896 verkehrten hier auch Dampflokomotiven. Das einst 50 km lange Streckennetz war in den 70er Jahren sukzessive stillgelegt worden. Der Initiative von Eisenbahnfreunden im Jahre 1984 ist es zu verdanken, dass auch heute noch Sonderzüge über die Waldeisenbahn Muskau rollen, wie hier im Dezember 2001 mit 99 3312. Die Lok heißt bei Eisenbahnfreunden „Diana" und ist 1912 von Borsig erbaut worden.

Bemerkenswert ist die auf dem Kessel mitgeführte Brechstange, die dem Eingleisen entgleister Waggons dient.

600 mm – Waldeisenbahn Muskau

Linke Seite:
Feldbahnflair im Landschaftspark Muskau. Die 1924 bei Kraus & Co. in München unter der Fabriknummer 7790 gebaute lok war im Schotterwerk Bernbruch bei Kamez bis in die 70er Jahre im Einsatz. Seitdem gehört die Lok dem Eisenbahnfreund Manfred Werner, der sie auf „Werners Gartenbahn" an bestimmten Tagen fahren lässt.

Unten:
Ausfahrt der Brigadelok 99 3317 aus dem Bahnhof Krauschwitz (18. Oktober 2003). Der Lebenslauf der Lokomotive ist ein Spiegelbild europäischer Geschichte: 1918 von Borsig als Heeresfeldlok erbaut, folgten ab 1919 Einsätze im Wilnagebiet und Litauen. 1944/55 wurde die Lok als Beutelok zurück nach Deutschland gebracht.

750 mm – Rasender Roland (Göhren – Binz – Putbus)

Seit dem 13. Oktober 1899 ist der Rasende Roland durchgehend zwischen Putbus, Binz und Göhren befahrbar. Besonderheiten gab es mehrere: Zum einen der Theaterzug zwischen Binz und Putbus, der von 1901 an 15 Jahre lang Kulturfreunde beförderte, oder zum anderen der Einsatz eines Küchenwagens. Damit war der Rasende Roland die einzige deutsche Schmalspurbahn, in der es während der Fahrt warme Mahlzeiten gab. Auch in der Nebensaison zeigt sich die Insel Rügen von ihrer besten Seite, wie hier am 22. Februar 1990 bei Serams mit 99 4632.

Rechte Seite:
251 901 von der württembergischen Strecke Warthausen – Ochsenhausen (Öchsle) hat ihr Einsatzgebiet nach der Deutschen Wiedervereinigung in den nordöstlichsten Winkel der Republik verlagert.
20. Juli 1999 in Putbus.

750 mm – Rasender Roland (Göhren – Binz – Putbus)

Linke Seite:
Nomen est omen: Der Rasende Roland bei der Einfahrt in den Bahnhof Garftitz. 99 4801 im August 2004. Die Lokomotive mit dem Baujahr 1938 stammt übrigens von der Kleinbahn Kreis Jerichow I.

Links:
Bei Schmalspurbahnen waren oft Provisorien bzw. Muskelkraft gefragt. So auch beim Bekohlen der 99 4801 am 4. Oktober 2001 in Putbus.

Unten:
Beschriftung der 99 784 am 27. Juli 1994 in Binz.

**900 mm –
Molli
(Bad Doberan – Kühlungsborn West)**

Unüberhörbar rumpelt die Bäderbahn oder besser gesagt „Molli" durch die engen Straßen von Bad Doberan. Zum Strand sind es an einigen Stellen nur ein paar Minuten. Als Schreck aller Autofahrer wirkte 99 2321 am 23. Juni 1991 an der Haltestelle Bad Doberan, Goethestraße.

Rechte Seite:
Ebenfalls eine Straßenszene in Bad Doberan: 99 2322 am 3. Oktober 1982.

**900 mm –
Molli
(Bad Doberan – Kühlungsborn West)**

Aus Mitte der 30er Jahre stammt diese Aufnahme eines langen und sehr gepflegten Bäderzuges mit 99 312. Der Endbahnhof Kühlungsborn West hieß damals Ahrendsee.

1000 mm –
Inselbahn Juist

Juist hat seit 1982 keine Inselbahn mehr, nachdem ein ortsnaher Hafen die lange Pfahljochstrecke zum Fähranleger überflüssig gemacht hatte.

900 mm – Inselbahn Borkum

Linke Seite:
Nach dem Übersetzen mit der Fähre von Emden nach Borkum erwartet die Feriengäste die „Kleinbahn" mit ihrer ungewöhnlichen Spurweite von 900 mm. Nach umfangreichen Investitionen in das ca. 7,5 km lange Streckennetz hat die Borkumer Inselbahn, auf der gelegentlich auch Dampfzüge verkehren, weiterhin eine Zukunft (17. September 1991).

Unten:
Gemächlich rumpelte der Dünenexpress Anfang der 60er Jahre auf das Nordseeheilbad Borkum zu.

1000 mm – Inselbahn Langeoog

Willkommen auf Langeoog! So herzlich begrüßen nach wie vor die Nordseeinsel und ihre in den neunziger Jahren grundlegend modernisierte Inselbahn die zahlreichen Besucher. Langeoog ist auch heute noch ein Paradies für jeden Kleinbahnfreund.

1000 mm – Inselbahn Langeoog

1955 stellte die KAE (Kreis Altenaer Eisenbahn AG) zwei moderne Dieseltriebwagen für die Strecke Lüdenscheid – Altena in Dienst. Ein Fahrzeug davon ging 1961 an die Inselbahn Langeoog. Bezeichnend für die teils bewegte Geschichte von Schmalspurfahrzeugen ist der Weiterverkauf 1995 an die Harzer Schmalspurbahnen (HSB). Dort kommt der Triebwagen als 187 013 von Gernrode aus zum Einsatz. Am 16. August 1980 stand VT 1 noch auf Langeoog im Einsatz.

1000 mm – INSELBAHN WANGEROOGE

Wangerooges Inselbahn ist die letzte Meterspurstrecke der Deutschen Bahn AG und verbindet den Westanleger im Südwesten der Insel mit dem Inselort.

1000 mm - Inselbahn Spiekeroog

Durch den Bau eines ortsnahen Hafens im Jahre 1981 war der Zubringerzug zur Fähre überflüssig geworden und wurde stillgelegt. Damit war die romantische Fahrt mit dem Triebwagen Nummer 5 (Baujahr 1933) über die Nordsee in Spiekeroog Geschichte geworden (16. August 1980).

Rechte Seite:
Ein wehmütiger Blick zurück auf die Nordseeinsel Spiekeroog. Am Fähranleger ist noch der Diesel-Triebwagen VT 5 zu sehen, der die Inselbesucher zurück zum Schiff gebracht hat (16. August 1980). Heute gibt es auf dem Abschnitt vom Bahnhof zum Westend die einzige Pferdemuseumsbahn in Deutschland. Also: „Auf nach Spiekeroog!"

ÖSTERREICH

**1000 mm –
SCHNEEBERGBAHN
(PUCHBERG – SCHNEEBERG)**

Der Schneeberg ist mit 2075 Höhenmetern der höchste Berg Niederösterreichs. Um die wunderbare Aussicht von der Steiermark bis zum Neusiedler See touristisch zu erschließen, ging 1889 die Schneebergbahn als Zahnradbahn in Betrieb. Auf der 9,85 km langen Fahrtstrecke werden 1219 Höhenmeter überwunden, wobei die Steigung maximal 19,7% beträgt.

Erst Ende der 90er Jahre hielt am Schneeberg, dem Wiener Hausberg, modernes Rollmaterial Einzug. Neben den modernen Dieseltriebwagen vom Typ Salamander gibt es auch passende Arbeitsloks im Salamander-Look, wie hier am 20. Juli 2003 auf dem Hochschneeberg.

Rechte Seite:
In Grünburg verläuft die Steyrtalbahn am Ufer der Steyr entlang, wo sich am 28. Dezember 1976 diese romantische Szene mit 298.25 und dem „Sammler" (= Übergabezug) 76859 ergab.

Unten:
Winter auf der Steyrtalbahn: 298.53 am 28. Dezember 1976 in Molln.

760 mm – STEYRTALBAHN (STEYR – KLAUS)

Die Steyrtalbahn war 1890 die erste österreichische Schmalspurstrecke auf 760-mm-Spur und zudem die einzige Strecke der ÖBB (Österreichische Bundesbahnen), die von Eröffnung bis Einstellung ausschließlich mit Dampfloks betrieben wurde. Von dem einst 56 km messenden Schmalspurnetz zwischen Steyr und Klaus an der Pyhrnbahn ist heute noch der Abschnitt Steyr – Lokalbahnhof – Grünburg als Museumsbahn in Betrieb.
298.53 am 28. Dezember 1976 in Molln.

760 mm – Steyrtalbahn (Steyr – Klaus)

298.25 dampfte mit voller Kraft am Einfahrsignal des Bahnhofs Molln vorbei. Betrieblich interessant sind die beiden geschobenen Wagen vor der Dampflokomotive, die aus einem Gleisanschluss geholt und bis zum nächsten Bahnhof gedrückt wurden. Dort wurden die Wagen dann am Zugschluss angehängt (28. Dezember 1976).

Rechts:
298.24 im Bahnhof Klaus 1962.

Rechte Seite:
699.103 am 8. Januar 1976 auf dem seit 1982 stillgelegten Streckenabschnitt bei Haunoldsmühle.

760 mm – Waldviertelbahn (Gmünd – Gross Gerungs)

Nahe an der ehemaligen Zonengrenze gelegen, präsentierte sich der Betrieb auf der Waldviertelbahn Gmünd – Groß Gerungs sehr beschaulich. Sehr lange waren Dampflokomotiven im Güterverkehr nichts Besonderes. Äußerst reizvoll war auch der Mischbetrieb mit Diesellokomotiven.

Diesellok 2091.09, die gerade im Betriebswerk Gmünd/Niederösterreich frisch untersucht worden und als Vorspann-Lokomotive auf Werkstattprobefahrt war, sowie die Dampflok 399.06 beförderten im September 1981 mit vereinter Kraft einen Güterzug nach Weitra.

Was war wohl beschaulicher? 2091 009 mit dem Personenzug nach Groß Gerungs oder die Kulisse des Waldviertels (26. Mai 1987)?

760 mm – ELEKTRISCH – MARIAZELLER BAHN (ST. PÖLTEN – MARIAZELL)

Aufgrund von Fahrzeugmangel gelangen aktuell auch Diesellokomotiven vom Typ 2095 bis nach Laubenbachmühle, dort beginnt der steile Anstieg in Richtung Mariazell. Besonderes Glück ist es allerdings, die Museumslokomotive 2095.01 im planmäßigen Personenverkehr und dann auch noch vor einem der wenigen Formsignale bei Frankenfels abzulichten (17. September 2003).

Rechte Seite:
Auch heute noch wird von den Österreichischen Bundesbahnen auf der Mariazeller Bahn von St. Pölten nach Mariazell umfangreicher Personenverkehr abgewickelt. Der Charakter der 84 Kilometer langen und elektrisch betriebenen Strecke mit 760 mm Spurweite ist höchst unterschiedlich. Dem Talabschnitt von St. Pölten bis Laubenbachmühle schließt sich der Bergabschnitt weiter bis nach Mariazell an.
Am 18. September 2003 zog 1099.010 einen Regionalzug bei Frankenfels über den Talabschnitt.

760 mm – elektrisch – Mariazeller Bahn (St. Pölten – Mariazell)

Nach der Verreichlichung der ÖBB zeigte sich E 99.01 im zeitgenössischen Dekor des Deutschen Reichs (ca. 1940).

Links:
Die Elektrolokomotiven vom Typ 1099 stammen aus dem Jahre 1908 und wurden zwischenzeitlich modernisiert. Dennoch wirkt ein Blick in den Führerraum mehr als nostalgisch (14. August 1989).

Unten:
Dem Versuch, den Fuhrpark der Mariazeller Bahn zu verjüngen, war kein allzu großes Glück beschieden. Die beiden Elektrotriebwagen vom Typ 4090 (Baujahr 1994) zeigen sich hin und wieder störanfällig und sind daher entsprechend selten im Einsatz zu sehen. Hier 4090 002 im Bahnhof Frankenfels am 18. September 2003.

760 mm – ELEKTRISCH – MARIAZELLER BAHN (ST. PÖLTEN – MARIAZELL)

Unten:
Herbststimmung auf dem Bergabschnitt der Mariazeller Bahn. Am 18. September 2003 zog 1099 004 bei Winterbach den mittäglichen Personenzug nach Mariazell.

Rechte Seite:
Besonders schön, aber auch teilweise sehr abgelegen zeigt sich die Mariazeller Bahn auf dem Bergabschnitt. Kurz vor dem Bahnhof Winterbach rollte 1099 010 mit dem Abendzug aus Mariazell in das Tal hinab.

760 mm – Die Krumpe
(Obergrafendorf – Wieselburg – Gresten)

Rechts:
Urahn des schmalspurigen Dieselverkehrs ist die Diesellok 2093.01. Anlässlich des Jubiläums 100 Jahre Schmalspurbahnen in Österreich wagte sich der Veteran vom Verknüpfungsbahnhof an die Mariazeller Bahn, Obergrafendorf, aus nach Gresten; hier in Heinrichsberg (16. August 1989).

Unten:
Der Abschnitt Wieselburg-Gresten hat ein eher seltenes Schicksal von Schmalspurbahnen genommen. Die Strecke wurde zwischenzeitlich auf Normalspur umgebaut. Am 25. Mai 1988 herrschte noch Schmalspuralltag mit 2095 015 im Haltepunkt Zarnsdorf, wo der Zug schon sehnsüchtig von einem Landwirt erwartet wurde.

Nur 3 km von Heinrichsberg entfernt passierte die Stangen-Diesellok 2095.011 mit ihrem Personenzug eine „lebende Schranke" beim Bahnhof Mank (28. Mai 1987). Seit 2002 ist in Mank eine Lichtzeichenanlage zur Sicherung des Bahnverkehrs Richtung Wieselburg in Betrieb. Die Strecke nach Wieselburg wurde allerdings am 31. Dezember 2002 eingestellt, so dass Mank nun Endbahnhof ist.

760 mm – Ybbstalbahn
(Waidhofen – Lunz am See – Kienberg-Gaming)

Von Lunz am See nach Kienberg-Gaming verlief eine kühn trassierte Schmalspurbahn. Inmitten der wunderbaren niederösterreichischen Landschaft rollte 2095 005 am 25. Mai 1988 bei Holzapfel ostwärts.

Rechte Seite:
Beachtlichen Güterverkehr wies die Strecke von Waidhofen an der Ybbs nach Lunz am See aus. Auf dem Teilabschnitt bis Großhollenstein rollt noch heute einmal die Woche der letzte planmäßige Schmalspur-Güterzug der Österreichischen Bundesbahnen. 2095 005 hatte am 25. Mai 1988 die Aufgabe, den Güterzug nach Lunz zu bringen.

760 mm –
Ybbstalbahn
(Waidhofen – Lunz am See – Kienberg-Gaming)

Rechts:
Schmalspur-Idylle am 25. Mai 1988 im Bahnhof Lunz am See mit 2095 005.

Unten:
Die Beförderung von Holz war und ist bis heute wesentliche Aufgabe der Schmalspurbahnen in Österreich. Die Holzstämme werden dabei einfach auf ein Paar Drehgestelle verladen und angekettet.

760 mm – Ybbstalbahn (Waidhofen – Gstadt – Ybbsitz)

Kaum zu glauben: Es handelt sich um einen planmäßigen Schülerzug mit 2091 008, der am 19. August 1992 mittags von Gstadt nach Ybbsitz zuckelte. Heute würde die Garnitur als Fotosonderzug hoch gehandelt werden. Nachdem der Antriebsmotor nur in einer Hälfte der Lokomotive eingebaut war, konnte die andere Hälfte zur Unterbringung von Gepäck verwandt werden. Insofern handelte es sich bei der Baureihe 2091 eigentlich um einen Gepäcktriebwagen.

760 mm – ELEKTRISCH – LOKALBAHN MIXNITZ – ST. ERHARD

Auch heute gibt es vereinzelt noch exotisch anmutende schmalspurige Materialbahnen. Hierzu zählt die Strecke Mixnitz – St. Erhard. Die Veitsch-Radex GmbH & Co. hat seit 12. September 1903 ihr Werk Breitenau mit der Hauptstrecke in Mixnitz in der Nähe von Graz angeschlossen, von wo aus das Magnesit in alle Welt befördert wird. Die E-Lok 3 der Bahn, die am 19. September 2003 einen Güterzug ins Tal beförderte, zählt somit noch heute zum Alltag.

Rechte Seite:
Nur dem 90-jährigen Bestehen der Strecke war es nach Jahrzehnten wieder zu verdanken, dass zur Feier des Anlasses Personenzüge von Mixnitz nach St. Erhard fuhren. Besonders interessant war dabei die Leistung der beiden sonst kaum noch eingesetzten E-Loks 1 und 2 am Abend des 19. September 2003.

760 mm – Feistritztalbahn (Weiz – Birkfeld)

Lange plante die private normalspurige Lokalbahn Gleisdorf-Weiz eine Verlängerung ihrer Strecke. Am 14. Dezember 1911 wurde die Verlängerung schließlich auf 760-mm-Spur von der Lokalbahn AG Weiz-Birkfeld eröffnet. Die seit 1971 eingerichteten Bummelzüge auf der Feistritztalbahn brachten einen unerwarteten Aufschwung. Dank unermüdlichem Einsatz ihrer Freunde fährt die Feistritztalbahn-Betriebs-GmbH auch weiterhin. Foto: Kh 101 der Steiermärkischen Landesbahn mit Sonderzug zu 70 Jahre Feistritztalbahn am 7. Juni 1981.

Unten:
999.105 auf Bergfahrt im August 1968.

1000 mm –
Schafbergbahn
(St. Wolfgang – Schafberg)

Die Schafbergbahn ist mit 26 % Steigung die steilste österreichische Zahnradbahn. Seit 1893 erklimmen Züge den Gipfel des Aussichtsbergs (1795 m Höhe). Am Bahnhof Schafbergalpe begegneten sich eine kohlengefeuerte Dampflok und ein Dieseltriebwagen der 60er Jahre. Heute gibt es zusätzlich auch neu gebaute ölgefeuerte Dampflokomotiven auf der Schafbergbahn (1. Juli 1981).

1000 mm – elektrisch – Stubaitalbahn (Innsbruck – Fulpmes)

Innsbruck und seine Umgebung wurden von mehreren meterspurigen Bahnen erschlossen. Die Stubaitalbahn Innsbruck – Fulpmes war die erste Wechselstrombahn Europas und feierte 2004 mit großem Rahmenprogramm ihren 100. Geburtstag. Ursprünglich waren Betrieb und Technik von der Innsbrucker Straßenbahn getrennt. Heute wird von Innsbruck nach Fulpmes ein moderner Taktverkehr im Verbund mit den Innsbrucker Verkehrsbetrieben angeboten. Am 14. April 1979 mutete der Betrieb mit dem Triebwagen Nummer 3 bei Natters noch recht altmodisch an.

1000 mm – ELEKTRISCH – INNSBRUCKER MITTELGEBIRGSBAHN (INNSBRUCK – IGLS)

Am 28. September 1972 gab es noch stilechte Überland-Straßenbahnfahrten in Innsbruck. Die Innsbrucker Verkehrsbetriebe erschlossen auf Meterspur in endloser Kurverei das Innsbrucker Umland. Vorbei an Orten wie „Tantegert" erreichte Triebwagen 2 dann den Endbahnhof Igls.

1000 mm – ELEKTRISCH – INNSBRUCKER LOKALBAHN (INNSBRUCK – SOLBAD HALL)

Die ursprüngliche Localbahn Innsbruck – Hall in Tirol gehörte auch zu den Überlandbahnen von Innsbruck (später Straßenbahnlinie 4). Foto: 6. Januar 1971 in Solbad Hall.

**760 mm –
Zillertalbahn
(Jenbach – Mayrhofen)**

Die Zillertalbahn ist für ihre Dampflok-Züge bei den Touristen berühmt. Es ist schon ein besonderes Erlebnis, das Zillertal mit Dampf und Muße für sich zu entdecken.
10. Oktober 1998 bei Schlitters.

**1000 mm –
Achenseebahn
(Jenbach – Achensee)**

Noch heute erklimmen Dampflokomotiven aus dem Jahr 1889 die 440 m Höhenunterschied zwischen dem Bahnhof Jenbach bei Innsbruck und dem Achensee. Eben, 14. Mai 2000.

Bei Steigungen bis 16% werden die Züge zum Achensee von der Dampflok geschoben. Eben, 14. Mai 2000.

**760 mm –
Pinzgaubahn
(Zell am See – Krimml)**

Unten:
In Mittersill, zwischen Zell am See und Krimml, stand im Sommer 1979 Lok 298.55 als Denkmal, davor eine sonntägliche Musikantengruppe.

Rechts:
Vor der Abfahrt muss für die 54 km lange Pinzgaubahn ordentlich Dampf gemacht werden.

Rechte Seite:
699.01 mit einem Sonderzug der Pinzgaubahn steht abfahrbereit im Bahnhof Zell am See.

760 mm – Pinzgaubahn (Zell am See – Krimml)

Die Pinzgauer Lokalbahngesellschaft eröffnete am 2. Januar 1898 den Betrieb von Zell am See nach Krimml. Aufgrund der Parallellage zur Straße durch das obere Salzachtal kämpft die 54 km lange Strecke seit Jahrzehnten mit der Stilllegung durch die Österreichischen Bundesbahnen und darf aktuell als akut stilllegungsbedroht betrachtet werden.
Der Güterverkehr ist bereits seit 1998 eingestellt. Im Juli 1981 rangierte die starke Stangendiesellok 2095.03 in Zell am See. Gut zu erkennen sind die angehängten Rollwagen für die Beförderung normalspuriger Güterwagen sowie die Kupplungsstange im Vordergrund zum Anhängen der Rollwagen.

Rechts:
Hier sind die auf den Rollwagen stehenden Normalspurgüterwagen gut zu erkennen. Zell am See im Juli 1981.

**760 mm –
Bregenzerwaldbahn
(Bregenz – Bezau)**

Ein kleines Schmalspur-Stillleben an der Bregenzerwaldbahn. 699.01 auf dem heute stillgelegten Abschnitt bei Egg (13. Mai 1979).

Rechte Seite:
Die Bregenzerwaldbahn erschloss seit 15. September 1902 von Bregenz aus das enge Tal der Bregenzer Ache bis nach Bezau. Der wiederholte Kampf gegen die Naturgewalten ging am 14. Juli 1980 verloren, als ein riesiger Felssturz die Trasse bei Kennelbach verschüttete. Ab 1987 gab es jedoch wieder Sonderzugverkehr zwischen Schwarzenberg und Bezau. Beinahe hätten die Naturgewalten erneut dem Bahnbetrieb ein jähes Ende gebracht, als am 22. Mai 1999 die abgebildete Sporeneggbrücke vom Hochwasser zum Einsturz gebracht wurde. Am 10. Juni 2000 war dank umfangreicher Zuschüsse, Spenden und Eigenleistungen die Brücke neu errichtet. 2091 008 quert die Brücke am 20. Juli 2003.

760 mm – Bregenzerwaldbahn (Bregenz – Bezau)

Während des Anschlusses Österreichs an das Deutsche Reich gehörte die Bregenzerwaldbahn zur Reichsbahndirektion Augsburg. Aus dieser Zeit stammt die Abbildung der zwischen 1939 und 1945 beschafften Nachbauserie des früher als BBÖ 2041, später PwVT 137.332-343 und zuletzt als Baureihe 2091 bezeichneten Fahrzeugs.

Rechts:
Die Aufnahme aus der Zeit des Anschlusses Österreichs an das Deutsche Reich zeigt die Bergung einer nach Felssturz umgestürzten Dampflokomotive.

Schweiz

1000 mm – elektrisch – Rhätische Bahn (Chur-Landquart – Davos – Filisur)

Zwischen Landquart und Chur verlaufen die meterspurige RhB (Rhätische Bahn) und die normalspurige SBB (Schweizerische Bundesbahn) parallel. Dennoch wirkt der Regionalzug mit einer Ge 4/4 II am 27. Juli 1986 in Zizers recht beschaulich.

Rechte Seite:
Ge 2/4 222 ist heute als historische Lokomotive erhalten und rangiert weiterhin im Bahnhof Landquart, wie am 2. Juni 1986. Die Lokomotive zeigt sich mit Ausnahme des Stromabnehmers wie im Jahr der Ablieferung 1913.

1000 mm – ELEKTRISCH – RHÄTISCHE BAHN (CHUR-LANDQUART – DAVOS – FILISUR)

Der Wiesener Viadukt liegt zwischen Wiesen und Filisur. Mit einer Länge von 196 m, einer Spannweite des Hauptbogens von 55 m und einer Höhe von 88 m über der Landwasser ist er der größte gemauerte Viadukt der RhB. Ge 4/4 II am 26. Juli 1986.

Oben:
Die Rhätische Bahn (RhB) erfüllt in Graubünden Hauptbahnfunktionen und erschließt alle Haupttäler des Kantons. Gelegentlich finden auch besondere Nostalgiereisen mit Dampf statt. Im August 2000 stand Lok G 4/5 107 der RhB auf der Drehscheibe in Filisur.

Links:
Mit 29 Lokomotiven war die Baureihe G 4/5 die zahlenmäßig stärkste Dampflokomotive der RhB. Die ab 1906 erbauten Lokomotiven wurden nach der Elektrifizierung der RhB in den 20er Jahren nach Spanien und Thailand verkauft. Heute stehen noch die Lokomotiven 107 und 108 für Sonderzüge im Einsatz.

1000 mm – ELEKTRISCH – RHÄTISCHE BAHN (ALBULABAHN: CHUR – THUSIS – ALBULA – ST. MORITZ)

Mit 90 m über Grund ist die Solisbrücke auf der Albula-Strecke Reichenau – Samedan die höchste Brücke der RhB.

Rechts:
Historische Personenwagen des Dampfzugs erinnern an die „gute alte Zeit" der RhB.

Bekannt sind die langsamsten Schnellzüge der Welt, die auf Meterspur und kühner Trassierung so bedeutende Orte wie St. Moritz an das Eisenbahnnetz anbinden. Um den Höhenunterschied von 416 Metern zu überwinden, wurden zwischen Bergün und Preda fünf Kehrtunnel, zwei gewöhnliche Tunnel, neun Viadukte und zwei Galerien erbaut. Am 26. Juli 1986 hatte eine Ge 6/6 II mit ihrem Schnellzug die Scheitelhöhe fast erreicht.

Einen fantastischen Blick auf Bergün hatten am 18. September 2003 die Fahrgäste des Schnellzuges, der von Ge 4/4 II 633 gezogen wurde.

1000 mm – ELEKTRISCH – RHÄTISCHE BAHN
(ALBULABAHN: CHUR – THUSIS – ALBULA – ST. MORITZ)

1993 wurden die 9 Lokomotiven vom Typ Ge 4/4 III (hier 651 „Pontresina" bei Bergün am 19. September 2003) als modernste Schmalspurloks der Welt abgeliefert. Mit einer Leistung von 2 400 kW und einer Höchstgeschwindigkeit von 100 km/h werden die Elektro-Loks im schweren Personen- und Güterverkehr eingesetzt.

Von den 15 gebauten Rhätischen Krokodilen sind nur noch 3 im Dienst der RhB (412, 414 und 415). Ge 6/6 I 415 stellte sich im Bahnhof Filisur geduldig dem Fotografen.

1000 mm – ELEKTRISCH –
BERNINABAHN:
(ST. MORITZ – BERNINA – TIRANO)

Unten:
Ein „modernisierter Altbau-Triebwagen" vom Typ ABe 4/4 I macht erst mal für sich selbst und seine Fahrgäste Verschnaufpause im Bahnhof Alp-Grüm mit seiner traumhaften Aussicht (21. Juli 2004).

Rechte Seite:
Wie auf einer Modelbahn: Nach einer engen Kehre erreicht der Bernina-Express auf dem Weg nach Norden den Bahnhof Alp-Grüm, wo der Zug den Urlaubern eine kleine Rast gönnt. (21. Juli 2004).

1000 mm – ELEKTRISCH – BERNINABAHN
(ST. MORITZ – BERNINA – TIRANO)

Stilgemäßes Reisen ist auch heute noch auf der Bernina-Bahn möglich: bei guter Witterung im Aussichtswagen oder in vorbildlich erhaltenen Nostalgiewagen (21. Juli 2004).

Die Berninabahn erfuhr durch die Einführung des Bernina-Expresses 1973 eine erhebliche Aufwertung. Heute steht den Touristen aus aller Welt ein höchst moderner Fuhrpark zur Verfügung.

Die Berninabahn ist die höchste den Alpenkamm offen überquerende Bahn und ist daher den Naturgewalten extrem ausgesetzt. ABe 4/4 II bei Bernina Lugalp im August 2000.

**1000 mm –
elektrisch –
Rhätische Bahn
(Arosabahn:
Chur – Arosa)**

Linke Seite:
Bahnhof Litzirüti auf der Strecke Chur – Arosa mit einem Triebwagen der Gattung ABe 4/4 am 25. Januar 1997. Wegen Überalterung der Fahrzeuge und Fahrleitungen endete am 29. November 1997 die Ära der Gleichstromtriebwagen (2400 V).

Unten:
Im Stadtbereich von Chur verkehrt die Bahn nach Arosa wie eine Straßenbahn. Auch der Verkehr auf dem Bahnhofsvorplatz wird durch die langen Zuggarnituren behindert, wie hier am 7. August 1985.

1000 mm – ELEKTRISCH – FURKA-OBERALPBAHN (DISENTIS – FURKA-TUNNEL – BRIG)

Die rund 100 km lange Furka-Oberalp-Bahn (FO) kann als das Herzstück des großen alpinen Schmalspurnetzes zwischen Engadin und Matterhorn bezeichnet werden. Seit Oktober 1925 rollen Züge über die FO, wobei der Furka-Pass 8 bis 9 Monate wegen Lawinengefahr geschlossen war. Seit 1982 steht mit dem Furka-Tunnel (Länge 15 381 m) eine wintersichere Bahnverbindung im Einsatz. Im Januar 1987 zog eine Hge 4/4 I einen Regionalzug bei Realp.

Rechte Seite:
Im November 1981 gab es im Regionalverkehr der Furka-Oberalp-Bahn noch altertümliche Zuggarnituren zu bestaunen. Die 1940 gebaute E-Lok Hge 4/4 I – V max 55 km/h (Adhäsion), 30 km/h (Zahnrad) – überquerte einen Viadukt bei Dieni. In Disentis treffen die RhB und die FO (Furka-Oberalp-Bahn) aufeinander, ohne dass die Reisenden des Glacier-Expresses (Chur – Brig) dies groß bemerken.

1000 mm – ELEKTRISCH – FURKA-OBERALPBAHN (GÖSCHENEN – ANDERMATT)

Links:
Die Verbindung zur Gotthardbahn stellt die FO mit der Strecke Andermatt – Göschenen her. Auf dieser am 12. Juli 1917 eröffneten Strecke liegt auch der steilste Abschnitt der FO mit 17,9 ‰. Gerade hat ein Pendelzug der FO den Bahnhof Göschenen an der Gotthardbahn verlassen (Juni 1988).

Oben:
Blick in den Führerstand Lok 9, 23. Juli 2004.

1000 mm – Dampfbahn Furka-Bergstrecke

1981 stellte die FO die Furka-Bergstrecke ein, da die Trassierung modernen Ansprüchen nicht mehr gerecht wurde: 90 % der 18 km langen Strecke liegen zwischen 1 500 und 2 160 m Höhe, 75 % liegen in Steigungen bis 11% mit Zahnradbetrieb und wegen Lawinengefahr war die Linie 7 bis 8 Monate nicht befahrbar. Dennoch engagierten sich Eisenbahnfreunde für den Erhalt der hochalpinen Strecke, die sukzessive wiederhergestellt wurde und seit 1997 Realp und Gletsch verbindet. Lok Nr. 9 im Bahnhof Furka, 23. Juli 2004.

1000 mm – ELEKTRISCH – BRIG-VISP-ZERMATT-BAHN

Unten:
In Brig hat das große Schmalspurnetz der RhB und FO Anschluss in das Wallis bis nach Zermatt, so dass mit Eröffnung der BVZ (Brig-Visp-Zermatt-Bahn) seit 1930 der Glacier-Express aus Chur bis nach Zermatt verlängert wurde. Zwischen Visp und Zermatt überwindet die BVZ 954 Höhenmeter. Nachdem Zermatt autofrei ist, heißt es für Autofahrer eine Station vor Zermatt, in Täsch in den Pendelzug umzusteigen, den hier eine Hge 4/4 I zieht.

Rechte Seite:
Aus der Anfangszeit des elektrischen Verkehrs bei der BVZ stammen die Lokomotiven vom Typ 4/4 I, die heute nur noch im Güterverkehr zum Einsatz kommen. Im Januar 1989 zählten noch Pendelzüge zu ihren Aufgabengebieten.

1000 mm – ELEKTRISCH – Gornergratbahn (Zermatt – Gornergrat)

Links:
Die Gornergratbahn (GGB) ist die älteste elektrische Zahnradbahn der Schweiz. In Zermatt trifft sie auf die Route des Glacier-Expresses (Chur – Brig – Zermatt). Seit 20. August 1898 können Touristen den einzigartigen Blick auf das Matterhorn vom Gornergrat aus genießen. Anfangs nur in den Sommermonaten und seit 25. Dezember 1925 auch im Winter (Januar 1989).

Rechte Seite:
Winteridylle auf 3089 Höhenmeter: Der Triebwagen vom Typ Bhe 4/8 3044 steht im Bahnhof Gornergrat (Januar 1989).

800 mm – ELEKTRISCH – SCHYNIGE-PLATTE-BAHN (WILDERSWIL – SCHYNIGE PLATTE)

Unten:
In Wilderswil stellt die Schynige-Platte-Bahn Anschluss zur BOB (Berner Oberland-Bahn) her. Seit 14. Juni 1893 steigt die Schmalspurbahn auf 7,3 km Länge maximal mit 25 % bis zur Endstation Schynige Platte. Die Züge werden aus kleinen Elektrolokomotiven vom Typ He 2/2 und zwei Vorstellwagen gebildet. Bahnhof Wilderswil, 27. Juli 2004.

Rechte Seite:
Die Schynige-Platte-Bahn erreicht beim Grätli-Tunnel die Waldgrenze und bietet eine herrliche Aussicht, wobei auch die Gipfelgruppe von Mönch, Eiger und Jungfrau in das Blickfeld gerät. Kurz vor der Bergstation, 27. Juli 2004.

1000 mm – ELEKTRISCH
MÜRRENBAHN
(LAUTERBRUNNEN – MÜRREN)

Die Bergbahn Lauterbrunnen-Mürren (BLM) startet seit 1891 gegenüber dem Bahnhof Lauterbrunnen als Standseilbahn mit maximal 60,6% Steigung zur Bergstation Grütschalp. Dort beginnt die Höhenbahn nach Mürren, wo sich ein traumhafter Blick auf Eiger, Mönch und Jungfrau eröffnet. (24. September 1990 Mürren)

800 mm – ELEKTRISCH
WENGERALP-BAHN
(LAUTERBRUNNEN – KLEINE SCHEIDEGG)

Rechte Seite:
Die Wengeralp-Bahn (WAB) verbindet Lauterbrunnen über Wengen mit der Kleinen Scheidegg. Dem großen Besucherandrang war die erste Trassierung aus dem Jahr 1892 zwischen Lauterbrunnen und Wengen nicht gewachsen. Gleichzeitig mit der Elektrifizierung wurde 1910 daher auch eine neue Strecke mit geringerer Steigung (ursprünglich 25 %) erbaut. Die alte Strecke dient bis heute als Ausweichmöglichkeit in Spitzenverkehrszeiten.
Im Mai 1995 wartete ein Triebwagen der WAB vor dem Bahnhofsgebäude des autofreien Wengen.

1000 mm – ELEKTRISCH – JUNGFRAUBAHN

Unten:
Die Postkarte vom 7. Juni 1916 zeigt die Station Eigergletscher (2320 m) und den Mönch im Hintergrund (4105 m).

Rechte Seite:
Von der Kleinen Scheidegg aus führt die Jungfraubahn (JB) zu Europas höchstem Bahnhof Jungfraujoch, der auf 3454 m Höhe liegt. Der Blick über Eiger, Mönch und Jungfrau zählt vor allem für Touristen aus den USA, Japan und Indien zu den Höhepunkten ihrer Europareisen.

1000 mm – ELEKTRISCH – BRÜNIGBAHN (LUZERN – MEIRINGEN – INTERLAKEN)

Unten:
Im Juni 1988 hat eine damals noch fabrikneue HGe 4/4 gerade Luzern verlassen und führt einen Schnellzug am Vierwaldstätter See entlang Richtung Hergiswil.

Rechte Seite:
Die Brünigbahn ist die einzige Schmalspurbahn der Schweizerischen Bundesbahnen (SBB). Zwischen Giswil und Meiringen führt die meterspurige Strecke über den 1 008 Meter hohen Brünigpass. Zur Bewältigung der enormen Steigungen bis maximal 12,1 % verfügt die Bergstrecke über mehrere Zahnstangenabschnitte.

1000 mm – ELEKTRISCH – RHÄTISCHE BAHN (BELLINZONA – MESOCCO)

Auf der von der RhB betriebenen Linie Bellinzona – Mesocco war zuletzt noch der ca. 13 km lange Abschnitt Castione-Arbedo – Cama für den Güterverkehr bis zum 31. Dezember 2003 in Betrieb. Gelegentlich finden noch Sonderfahrten statt. Im August 1994 wartete ein Triebwagen in Castione-Arbedo auf Güterwagen für die Rückfahrt nach Cama.

1000 mm – ELEKTRISCH – CENTOVALLI-BAHN (DOMODOSSOLA – LOCARNO)

Rechte Seite:
Die Centovalli-Bahn, die Bahn der hundert Täler, ist eine der wenigen internationalen Schmalspurbahnverbindungen mit überregionaler Bedeutung. Bis zur Eröffnung des Furka-Basis-Tunnels stellte sie gerade im Winter die einzig praktikable Ost-West-Verbindung in den Schweizer Alpen dar. August 1994 bei Abe Camedo.

1000 mm – elektrisch – Martigny – Chatelard (MC)

Seit 20. August 1906 verbindet eine meterspurige Eisenbahnlinie das untere Rhonetal mit dem Touristenort Chamonix, am Fuße des Mont Blanc. Eine Postkarte, abgestempelt am 10. August 1936, zeigt den Zug bei Martigny.

1000 mm – elektrisch – Oberaargau-Jura-Bahn (Langenthal – Niederbipp)

Von Langenthal nach Solothurn über Niederbipp führt die meterspurige OJB (Oberaargau-Jura-Bahn). Nach der Fusion mit anderen örtlichen Verkehrsträgern gehört sie heute zur ASM (Aare Seeland Mobil). Die Aufnahmen vom 18. August 1995 zeigen den Triebwagen 351 in der überwiegend im Straßenprofil trassierten Ortsdurchfahrt von Aarwangen und entlang der Kantonsstraße unweit von Niederbipp.

1000 mm – elektrisch – Aigle – Sepey – Diablerets (ASD)

Seit 7. Juli 1914 erklimmt die ASD über die Spitzkehre in Le Sepey mit Fahrtrichtungswechsel das Ormont-Tal. Bei einem verheerenden Depotbrand am 26. Juni 1940 wurde beinahe der gesamte Fuhrpark der ASD vernichtet. Vor Umstellung auf moderne Fahrzeuge entstanden die beiden Bilder von der Bahnlinie. April 1984: Les Diablerets.

Unten:
April 1984: Le Sepey

800 mm – ELEKTRISCH – MONTREUX – GLION – ROCHERS-DE-NAYE

Im Juli 1989 verließ ein Zahnradtriebwagen die Bergstation auf dem Rochers-de-Naye. In Montreux treffen die Reisenden dann auf drei verschiedene Spurweiten: 800, 1000 und 1435 mm.

**1000 mm – ELEKTRISCH –
BIERRE – APPLES – MORGES (BAM)**

Noch aus der Gründungszeit des elektrischen Verkehrs auf der BAM Bierre – Apples – Morges (14. November 1943) stammten die Triebwagen ABDe 4/4, die ab 1981 Konkurrenz durch moderne Triebwagen erhielten. November 1988 in Bierre.

**1000 mm –
elektrisch –
Bex – Villars – Bretaye (BVB)**

Auf dem Bahnhofsplatz von Bex (8 km östlich von Aigle) wartete im Januar 1989 der rote Zahnradtriebwagen auf die Fahrt mit maximal 20 % Steigung nach Villars.

**1000 mm –
elektrisch –
Montreux – Oberland – Bernois
(Montreux – Zweisimmen)**

Seit 6. Juli 1905 ist die Verbindung von Montreux nach Zweisimmen durchgehend befahrbar. Ein Doppeltriebwagen vom Typ ABDe 8/8 (Baujahr 1967) überquerte im April 1984 bei Gstaad einen Viadukt.

750 mm – ELEKTRISCH – WALDENBURGER BAHN (LIESTAL – WALDENBURG)

Seit 1. November 1880 verbindet die Waldenburger Bahn Liestal mit Waldenburg. Sie ist die einzige Schmalspurbahn der Schweiz mit der Spurweite von 750 mm; diese war nötig, um die Kurvenradien möglichst dem Verlauf der Landstraße anzupassen. Seit Winter 1985/86 sind moderne Pendelzüge im Einsatz, wie hier im Mai 1995 bei der Ausfahrt in Liestal.

1000 mm – ELEKTRISCH – FRAUENFELD – WIL-BAHN (FW)

Den Zubringerdienst zu und zwischen den Städten Frauenfeld und Wil versieht die FW (Frauenfeld-Wil-Bahn) seit 1. September 1887. Aus der Zeit vor der grundlegenden Modernisierung stammte der Triebwagen Be 4/4 201, der am 5. August 1985 in Wil als Reservefahrzeug abgestellt war.

Der Betriebsalltag auf Schmalspurbahnen war immer schon recht bunt. Bei 199 030 handelt es sich um die früher bei den Österreichischen Bundesbahnen mit 2091 010 bezeichneten Gepäcktriebwagen, der im Bahnhof Naundorf (Müglitztalbahn) einen Gegenzug, geführt von einer rumänischen L 30 H, im Juni 1999 kreuzt.

Alle Rechte vorbehalten

Umschlag: Joseph Koó
Produktion: Dieter Rex, München

Copyright © 2005 by Tosa Verlag, Wien

Druck: DELO tiskarna, Slovenia

www.tosa-verlag.com

Bildautoren:
Waldemar Ahrendt 90, 114;
Gerald Bendrien 66;
Thomas Böttger 29, 32, 37, 42, 43, 46, 47, 55, 56, 64, 68, 124, 125, 126 o., 132 o., 133, 138, 139, 145, 160;
Ingo Ehrlich 13, 14, 15, 87, 88, 89, 91 u., 92, 93, 94 u., 95, 96, 97, 98 o., 99, 100, 101, 116, 118, 121, 140, 144;
Armin Franzke 117, 129, 159;
Stefan Geisenfelder 115, 122, 123 o.;
Veit Haak 119, 120, 123 u., 126 u., 127;
Ralf Händeler 16, 18, 74, 75, 77, 98 u., 134, 135, 136;
Frank Haseloff 36, 48, 49, 61, 62, 63;
Andreas Janikowski 105, 106;
Thomas Lenhart 67 o.;
Gerhard Lieberz 17, 22, 23, 24, 25, 76, 78, 79, 80, 82, 83, 84 u., 85, 104, 113;
Ralph Mildner 65, 67 u.;
Stefan Mühle 45, 69, 72, 128, 28;
Helmut Reese 10, 11, 12, 33, 34, 38, 39, 40, 41, 44, 50, 51, 52, 53, 54, 57, 58, 59, 60, 91 o., 94 o., 103 o., 107, 108, 109;
Sammlung Ingo Ehrlich 30, 70, 71;
Sammlung www.eisenbahnarchiv.de 62, 71 u., 143;
Sammlung R.R. Reuschel 60, 103 u., 110, 111;
Siegfried Schütz 86, 102;
Stefan Sepp 112;
Ralf Störk 19, 20, 21, 81, 130, 131, 132 u., 137, 141, 143, 146, 147, 148, 149, 150, 151 o., 152, 153, 154, 155, 156, 157, 158;
Fritz A. Wagenroth 35;
Andreas Wehmann 26, 27.